Le Canada vu de près

Terre-Neuve-et-Labrador

Rachel Eagen

Texte français de
Martine Faubert

Crédits pour les illustrations et les photos :

Page couverture : Dale Wilson ©AllCanadaPhotos.com; p. I : Danita Delimont/Alamy; p. III : All Canada Photos/Alamy; p. IV : Joe Gough/Shutterstock Inc. (à droite), Rolf Hicker Photography/Alamy (en haut à gauche), Mirka Moksha/Shutterstock Inc. (en bas à gauche); p. 2 : Matthew Collingwood/Shutterstock Inc.; p. 4 : Yva Momatiuk & John Eastcott/Momdem Pictures/National Geographic Stock; p. 5 : JOHN EASTCOTT AND YVA MOMATIUK/National Geographic Stock; p. 7 : RICHARD OLSENIUS/National Geographic Stock; p. 8 et 4e de couverture : Near and Far Photography/Shutterstock Inc.; p. 10 : AioK/Shutterstock Inc.; p. 11 : Eric Isselée/Shutterstock Inc. (en bas à gauche), David Noton Photography/Alamy (en haut), Pixshots/Shutterstock Inc. (en bas à droite); p. 12 : Barret & Mackay ©All Canada Photos/Alamy; p. 13 : Mary Evans Picture Library/MARK FURNESS; p. 14 : Claude Bouchard/First Light (en arrière-plan), Bibliothèque et Archives Canada, Acc. n° 1977-14-1 (en-haut); p. 15 : Bryan & Cherry Alexander Photography/Alamy (en haut), FloridaStock/Shutterstock Inc. (en bas); p. 16 : North Wind Picture Archives/Alamy (en haut), Rolf Hicker Photography/Alamy (en bas); p. 17 : The Rooms Provincial Archives, F50-6; p. 18 : Mary Evans Picture Library/MARY EVANS ILN PICTURES; p. 19 : K. Bruce Lane Photography; p. 21 : Duncan Cameron/Bibliothèque et Archives Canada/PA-113253; p. 22 : Rolf Hicker/AllCanadaPhotos.com; p. 23 : Barrett & MacKay ©AllCanadaPhotos.com; p. 24 : Bart Goossens/Shutterstock Inc.; p. 25 : Rolf Hicker/All Canada Photos/Alamy; p. 26 : Pete Ryan/National Geographic Stock; p. 27 : LA PRESSE CANADIENNE/Adrian Wyld; p. 28 : David L. Blackwood, *William Lane Leaving Bragg's Island*, 1971, The Rooms Provincial Art Gallery, Memorial University of Newfoundland Collection (en haut), Mary Evans Picture Library (en bas) ; p. 29 : Aga & Miko (arsat)/Shutterstock Inc.; p. 30 : Terese Loeb Kreuzer/Alamy; p. 31 : PC PHOTO/St. John's Telegram - Joe Gibbons; p. 32 : Barrett & MacKay ©AllCanadaPhotos.com (en bas), John Sylvester ©AllCanadaPhotos.com (en haut); p. 33 : Dorling Kindersley (en bas), John Eastcott et Yva Momatiuk/National Geographic Stock (en haut); p. 34 : Greg Locke/First Light; p. 35 : Toronto Star/First Light; p. 36 : AndreyTTL/Shutterstock Inc., Ingram Publishing/SuperStock (au centre), Ostromec/Shutterstock Inc. (au centre); p. 37 : Sam Abell/National Geographic Stock; p. 38 : Bruce Amos/Shutterstock Inc.; p. 39 : Bettmann/Corbis; p. 40 : Sam Abell/National Geographic Stock; p. 41 : Maritime History Museum; p. 42 : Barret & Mackay ©All Canada Photos (en haut), Mary Evans Picture Library/Douglas McCarthy (en bas); p. 43 : Sean White ©All Canada Photos (en bas).

Produit par Plan B Book Packagers
Conception graphique : Rosie Gowsell-Pattison

Nous remercions Terrance Cox, consultant, rédacteur et professeur auxiliaire à l'Université Brock; Tanya Rutledge; Alexandra Cormier; Jim Chernishenko et Tank O'Hara pour sa sagesse.

Catalogage avant publication de Bibliothèque et Archives Canada

Eagen, Rachel, 1979-
Terre-Neuve-et-Labrador / Rachel Eagen ; texte français
de Martine Faubert.

(Le Canada vu de près)
Traduction de: Newfoundland and Labrador.
ISBN 978-0-545-98919-0

1. Terre-Neuve-et-Labrador—Ouvrages pour la jeunesse.
I. Faubert, Martine II. Titre. III. Collection: Canada vu de près
FC2161.2.E3414 2009   j971.8   C2008-906873-4

5 4 3 2 1   Imprimé au Canada   09 10 11 12 13

Table des matières

La fleur officielle de Terre-Neuve-et-Labrador est la sarracénie pourpre.

L'animal officiel de Terre-Neuve-et-Labrador est le macareux moine.

Le minerai officiel de Terre-Neuve-et-Labrador est la labradorite.

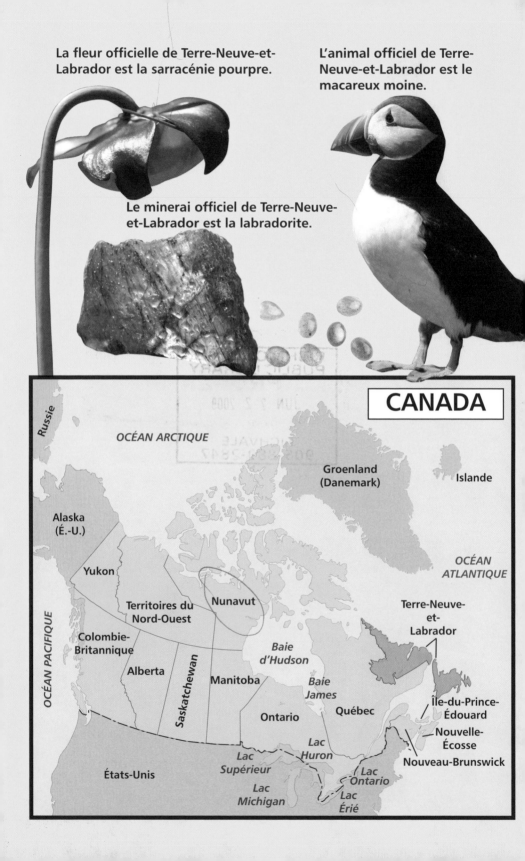

CANADA

OCÉAN ARCTIQUE

Russie

Groenland
(Danemark)

Islande

Alaska
(É.-U.)

Yukon

OCÉAN
ATLANTIQUE

Territoires du
Nord-Ouest

Nunavut

Terre-Neuve-
et-
Labrador

Colombie-
Britannique

OCÉAN PACIFIQUE

Alberta

Saskatchewan

Manitoba

Baie
d'Hudson

Baie
James

Québec

Île-du-Prince-
Édouard

Ontario

Nouvelle-
Écosse

Nouveau-Brunswick

États-Unis

Lac
Supérieur

Lac
Huron

Lac
Ontario

Lac
Érié

Lac
Michigan

Bienvenue à Terre-Neuve-et-Labrador!

La province de Terre-Neuve-et-Labrador est une région rocheuse baignée par l'océan. Ses 500 000 habitants doivent s'accommoder de son austère beauté et de son climat rigoureux. Bien qu'ils soient séparés par un étroit bras de mer, les Labradoriens et les Terre-Neuviens partagent le même courage et la même détermination.

Terre-Neuve est située à l'extrémité orientale du Canada. Profondément attachés à leur île, ses habitants l'ont surnommée « le Rocher ». Son histoire a été définie par l'océan Atlantique qui la borde. Le Labrador, au nord-ouest de Terre-Neuve, est une région sauvage et magnifique, rattachée au reste du Canada. C'est une vaste contrée, aussi grande qu'un pays comme la Nouvelle-Zélande. Viens vite goûter à l'accueil chaleureux de ses habitants : la visite va commencer!

Le bras de mer qui relie le port de St. John's à l'océan Atlantique a été surnommé le « Goulet » par les pêcheurs français venus dans la région il y a 500 ans. Aujourd'hui, son nom anglais est *The Narrows.*

Chapitre 1
Des paysages rocheux

Les côtes de Terre-Neuve-et-Labrador sont rocheuses et profondément déchiquetées. Il y a des millions d'années, des **glaciers** ont sculpté la côte orientale du Canada en emportant avec eux de grandes quantités de matériaux rocheux. Dans de nombreux endroits de la province, la couche de sol fertile est si mince et le climat si rigoureux que les plantes ont du mal à survivre. Sur la côte, de grandes falaises abruptes dominent l'océan Atlantique. L'intérieur de l'île est un vaste **plateau**.

La province de Terre-Neuve-et-Labrador comprend deux grandes régions : l'île de Terre-Neuve et le Labrador qui est rattaché au reste du Canada. C'est la plus grande des provinces atlantiques. L'île est la partie la plus à l'est du Canada. Elle mesure 111 390 kilomètres carrés. Le Labrador est presque trois fois plus grand que Terre-Neuve, avec 294 330 kilomètres carrés.

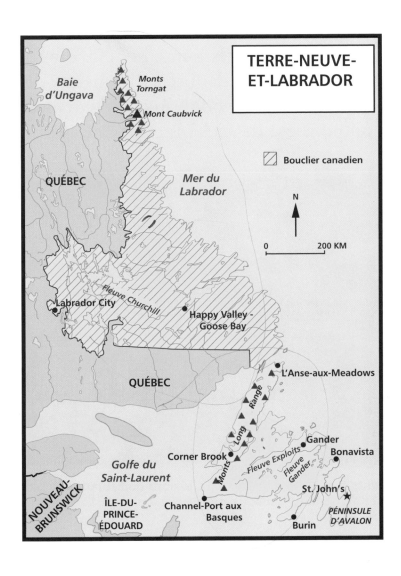

Le Bouclier et les montagnes

La province comprend deux grandes formations rocheuses : les monts Long Range qui traversent l'ouest de l'île de Terre-Neuve et constituent la partie la plus au nord de la chaîne des Appalaches, et le Bouclier canadien qui recouvre entièrement le Labrador. Il s'agit d'une vaste formation géologique continentale, très importante à cause de sa richesse en minéraux. Le nord du Labrador possède un climat subarctique, donc des étés courts et des hivers très longs. Le reste du Labrador est couvert de forêts d'épinettes, de sapins baumiers et de bouleaux, et de grands prés où poussent des lichens et des arbustes.

Les monts Torngat sont situés dans le nord du Labrador. Le plus haut sommet est le mont Caubvick qui s'élève à plus de 1 652 mètres.

Un beau salut de la queue! En venant manger dans la baie de Bonavista, ces deux baleines à bosse ont surpris un véliplanchiste.

Avalon et les autres péninsules

La péninsule d'Avalon est la partie la plus peuplée de la province. Elle s'avance dans l'océan Atlantique, au sud-est de Terre-Neuve. C'est là que se trouve le cap Spear, qui est l'endroit le plus à l'est de toute l'Amérique du Nord.

St. John's, capitale pleine de vie de la province et première ville fondée par les Anglais en Amérique du Nord, est située sur la péninsule d'Avalon. St. John's est la ville la plus à l'est de toute l'Amérique du Nord.

La péninsule de Bonavista, située au nord-ouest d'Avalon, est réputée pour ses vues spectaculaires sur l'océan. En été, les gens viennent y observer les baleines à bosse et les icebergs à la dérive. Au sud-ouest, la péninsule de Burin s'avance dans le détroit de Cabot.

La grande péninsule située à l'ouest de l'île s'allonge vers le nord et vient presque toucher le Labrador. Il y a plus de 1 000 ans, des Vikings y ont établi un campement à l'Anse-aux-Meadows.

Des collines verdoyantes

Le reste de Terre-Neuve est un plateau, c'est-à-dire une vaste étendue s'élevant au-dessus du niveau de la mer et dont le relief est légèrement vallonné. On y trouve des tourbières et des marais. La plus grande partie du territoire de la province est recouverte d'arbres bien adaptés à son climat humide et froid, comme les sapins baumiers, les épinettes noires et les pins. On y dénombre des milliers de lacs et de cours d'eau, mais seulement quelques fleuves relativement importants, comme l'Exploits et le Gander, à Terre-Neuve, et le Churchill, qui traverse le Labrador d'ouest en est.

Au printemps et en été, les icebergs dérivent le long des côtes, emportés vers le sud par le courant du Labrador. Ces gigantesques masses de glace se détachent de la côte du Groenland au printemps.

Les courants océaniques responsables du temps

Deux grands **courants** océaniques affectent le climat de Terre-Neuve et du Labrador. Le courant du Labrador, aux eaux glaciales, coule vers le sud le long de la côte orientale du Labrador, puis se dirige vers les Grands Bancs de Terre-Neuve. Là, il rejoint le courant du Gulf Stream, aux eaux plus chaudes. La rencontre de ces deux courants provoque d'énormes bancs de brouillard.

L'intérieur du Labrador a un climat subarctique. Les étés sont courts et les hivers très longs et très froids. Au bord de l'océan, le climat est semblable à celui de Terre-Neuve. En hiver, il pleut et il neige très souvent; les brouillards sont fréquents. En été, le temps est plus ensoleillé et moins venteux.

Les villes et les villages

À Terre-Neuve et au Labrador, les villes sont petites et les villages minuscules. Certains endroits ne sont desservis par aucune route. Pour se rendre dans certaines collectivités du Labrador, il faut prendre l'avion. Sur les côtes de Terre-Neuve et du Labrador, il reste encore quelques vieux villages de pêcheurs, où on compte beaucoup plus de bateaux que de voitures!

(Gauche) Petit village de pêcheurs envahi par le brouillard.

La province possède très peu de villes importantes. La capitale, St. John's, est la plus peuplée. Elle compte environ 100 000 habitants. Corner Brook est la plus grosse ville de la côte ouest de l'île. Happy Valley-Goose Bay, située dans le centre du Labrador, est la plus vaste collectivité de cette région, avec 8 000 habitants.

Rue de St. John's, bordée de maisons peintes de toutes les couleurs.

Histoires d'animaux

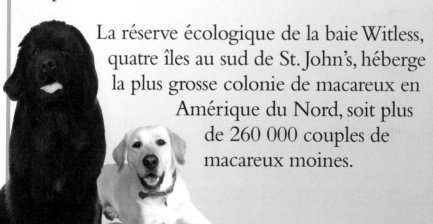

En 1878 et en 1904, on a introduit 6 orignaux à Terre-Neuve, en provenance de la Nouvelle-Écosse et du Nouveau-Brunswick. On espérait ainsi qu'ils se multiplient et deviennent une source de nourriture pour les gens de l'île. Actuellement, on en compte plus de 120 000! Ils sont si nombreux qu'on conseille de ne pas prendre la route la nuit, afin d'éviter d'en heurter un.

Deux races de chiens très populaires sont originaires de la province. Le terre-neuve est un grand chien noir à poil long et à pattes palmées. Excellent nageur, on peut l'entraîner à sauver les gens de la noyade. Le gentil labrador est un des chiens les plus appréciés en Amérique du Nord. Cette race s'est développée à partir des chiens qui, autrefois, aidaient les pêcheurs à ramener leurs filets à terre.

La réserve écologique de la baie Witless, quatre îles au sud de St. John's, héberge la plus grosse colonie de macareux en Amérique du Nord, soit plus de 260 000 couples de macareux moines.

Reconstitution historique à l'Anse-aux-Meadows, montrant le mode de vie des Vikings.

Chapitre 2
Vikings et pêcheurs

Il y a plus de 1 000 ans, des Vikings venus du Groenland ont établi un campement à l'extrême nord de Terre-Neuve. Ils n'y sont pas restés longtemps. On l'ignorait totalement jusqu'au jour où, en 1960, des **archéologues** ont découvert les vestiges de leur campement à l'Anse-aux-Meadows. Ce nom vient du vieux nom français : l'Anse aux Méduses.

Les Vikings n'étaient pas les premiers à habiter la région. Des peuples autochtones vivaient à Terre-Neuve et au Labrador depuis des milliers d'années. Il y a environ 7 500 ans, des groupes que les archéologues appellent les Maritimiens de l'Archaïque ont établi des campements et des villages le long de la côte du Labrador. Des chercheurs sont en train d'étudier les traces de leur présence. Les archéologues pensent que les anciens peuples de l'Arctique, qu'ils appellent les Paléoesquimaux, vivaient à Terre-Neuve et au Labrador il y a 4 000 ans. Les Inuits actuels les appellent les Tuniits. Les Thuléens sont les **ancêtres** des Inuits du Labrador d'aujourd'hui. Ils sont venus d'Alaska il y a environ 1 000 ans. Ils ont survécu au dur climat grâce à la chasse à la baleine et au gibier terrestre.

Chasseur inuit tel que décrit par un explorateur européen en 1766.

Innus, Béothuks et Mi'kmaqs

Les Innus (aussi appelés « Montagnais ») du nord de Terre-Neuve et du Labrador étaient des chasseurs **semi-nomades**. Le caribou était leur principale source de nourriture, et ils en utilisaient la peau pour faire des vêtements et des couvertures, et pour recouvrir leurs tentes. Les Mi'kmaqs et les Béothuks vivaient seulement sur l'île. Installés près des côtes, ils pêchaient et chassaient les mammifères marins, comme la baleine, le phoque et le morse. Ils utilisaient les peaux de phoques et de morses pour se vêtir.

Demasduit, morte en 1820, était l'une des dernières survivantes du peuple béothuk.

Au XVIIᵉ siècle, quand les Européens sont arrivés à Terre-Neuve et au Labrador, leurs colonies ont repoussé les peuples autochtones vers l'intérieur des terres. Les maladies apportées d'Europe ont décimé des populations entières parce que les autochtones n'étaient pas **immunisés** contre elles. Aujourd'hui, il ne reste plus un seul Béothuk. Quelques Mi'kmaqs vivent encore à Terre-Neuve. Quant aux Innus et aux Inuits, ils vivent au Labrador.

Ce chasseur innu suspend des peaux de martre devant sa tente, au Labrador. Actuellement, de nombreux Innus et Inuits vivent de façon sédentaire, mais continuent périodiquement de chasser, de pêcher et de tendre des collets.

Les peuples autochtones et les colons européens chassaient le phoque et la baleine pour la viande. Ils utilisaient les peaux pour leurs vêtements et l'huile pour s'éclairer. La chasse aux phoques se pratique encore de nos jours, mais des groupes de défense des droits des animaux ont exercé de telles pressions qu'il est devenu difficile d'en faire son gagne-pain.

L'arrivée de Cabot

Cinq cents ans après la disparition des Vikings à Terre-Neuve, un autre explorateur européen a abordé l'île. En 1497, Jean Cabot cherchait à se rendre en Asie pour en ramener des épices lorsqu'il a jeté l'ancre au cap Bonavista. D'autres explorateurs européens ont vite suivi. Ils ont dressé des cartes marines et terrestres de la région.

Jean Cabot arrivant d'Angleterre salue les Autochtones de Terre-Neuve à Bonavista.

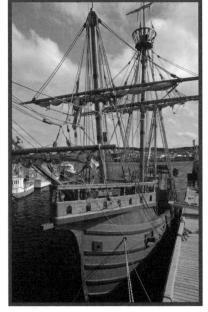

Réplique du navire de Cabot, le *Matthew*, construite en 1997 en l'honneur du 500e anniversaire de sa venue à Terre-Neuve.

La pêche

En 1497, les eaux entourant Terre-Neuve regorgeaient de poissons. Les pêcheurs européens se sont alors mis à traverser l'Atlantique tous les étés afin de se rendre sur les Grands Bancs, au large de la côte sud-est. Des écrits mentionnent que la morue était si abondante qu'ils pouvaient la pêcher au seau.

Les pêcheurs espagnols, français et portugais salaient leurs prises à bord de leurs bateaux, afin de les empêcher de pourrir dans leurs cales durant le voyage de retour. Les pêcheurs anglais possédaient moins de sel. Ils établissaient donc des campements sur la côte. Là, ils salaient légèrement le poisson, le lavaient, puis le mettaient à sécher au soleil sur de grandes plateformes en bois appelées des **vigneaux**.

Morues en train de sécher sur des vigneaux. Cette méthode de conservation du poisson a été utilisée pendant des centaines d'années.

Dans le port de St. John's, Sir Humphrey Gilbert prend possession de Terre-Neuve au nom de la couronne d'Angleterre, malgré la présence de pêcheurs et de capitaines de vaisseaux espagnols, français et portugais.

La prise de possession du territoire

La pêche était si **rentable** qu'en 1583, Sir Humphrey Gilbert est arrivé d'Angleterre muni de **lettres patentes** lui permettant de fonder une colonie permanente à Terre-Neuve. Mais il ne l'a jamais fait, car son navire a sombré lors du voyage de retour.

De 1610 jusque dans les années 1620, plusieurs colonies ont été établies par des compagnies ou des marchands anglais. Par la suite, la plupart ont été abandonnées parce qu'elles ne rapportaient pas assez d'argent ou parce qu'elles se faisaient continuellement attaquer par les pirates.

Les West Country Merchants, un groupe d'hommes d'affaires anglais, contrôlaient les sites de pêche au large de Terre-Neuve. Ils ne favorisaient pas les établissements permanents sous prétexte que ceux-ci nuisaient à la pêche saisonnière. En 1634, les Anglais ont établi la règle de l'amirauté des pêcheries. Selon ce système, le capitaine du premier navire à arriver à Terre-Neuve, dans un port ou sur un site de pêche, était nommé amiral des pêcheries. Pendant toute la saison de pêche, il avait droit de regard sur tous les bateaux, toutes les marchandises et tous les pêcheurs. Plusieurs de ces amiraux, **commandités** par les West Country Merchants, faisaient incendier les maisons des colons.

Cupids, à Terre-Neuve, est le site de la plus ancienne colonie britannique sur le sol canadien. L'endroit s'appelait autrefois Cuper's Cove et comptait 40 colons, avec John Guy à leur tête, au moment de sa fondation en 1610.

De colonie à province

Le système d'amirauté des pêcheries n'a pas été un grand succès. De violents conflits entre colons français et anglais ont fait rage sur l'île et sur les sites de pêche. À l'ouest de la péninsule d'Avalon, les Français ont érigé Plaisance, un petit poste devenu aujourd'hui Placentia. Les pêcheurs irlandais ont établi des campements à St. John's, où ils salaient la morue et la faisaient sécher. Les Anglais et les Français ont alors signé des traités définissant leurs droits sur ce territoire. En 1763, après la **guerre de Sept Ans**, d'autres immigrants sont venus s'installer à Terre-Neuve, en provenance

de l'Angleterre et de l'Irlande. En 1855, Terre-Neuve est devenue une colonie britannique autonome, avec son propre gouvernement.

En 1867, l'Ontario, le Québec, la Nouvelle-Écosse et le Nouveau-Brunswick se sont unis pour former un nouveau pays : le **dominion du Canada**. Terre-Neuve est alors restée une colonie britannique. Les gens de Terre-Neuve ont refusé de se joindre au Canada parce qu'ils se sentaient plus proches de la Grande-Bretagne.

La grande dépression des années 1930 a beaucoup nui au marché du poisson. L'économie de Terre-Neuve s'est effondrée, et la Grande-Bretagne a repris le contrôle de la colonie. En 1946, les pressions pour se joindre au Canada étaient très fortes. En 1948, les Terre-Neuviens ont alors participé à deux référendums, c'est-à-dire une consultation populaire où l'on demande aux gens de voter à propos d'un problème qui les concerne. La question était : « Terre-Neuve doit-elle rester une colonie britannique ou doit-elle se joindre au Canada? »

Le résultat du vote a été très serré, mais les gens de la province ont finalement choisi le Canada. En 1949, le politicien Joseph R. Smallwood était parmi ceux qui ont signé le document faisant officiellement de Terre-Neuve la plus récente province du Canada. Il en est devenu le premier ministre.

Le très pittoresque Joey Smallwood a été premier ministre de Terre-Neuve pendant 23 ans, de 1949 à 1972.

Ce n'est pas difficile de connaître tous ses voisins dans un petit village de pêcheurs comme New Bonaventure, à Trinity Bay.

Chapitre 3
L'art de s'amuser

Les Terre-Neuviens adorent s'amuser et faire des spectacles. Partager une chanson ou une histoire entre voisins a toujours été important pour les gens qui vivent séparés des autres collectivités par de grandes distances. L'**isolation** pousse les gens à se rassembler et à entretenir un fort attachement à leur **patrimoine culturel**. Certains Terre-Neuviens et Labradoriens se sentent même plus proches de leurs ancêtres que des autres Canadiens.

Le parler de l'île

La plupart des gens de l'île sont d'origine irlandaise ou anglaise. Ils ont un accent particulier, qu'on qualifie de « chantant ». Autrement dit, quand ils parlent, le timbre de leur voix monte et descend avec un rythme particulier, un peu comme dans une chanson. Les Labradoriens qui sont Innus ou Inuits ont un autre accent. Ils parlent aussi leurs langues ancestrales : l'innu-aimun et l'inuktitut.

Les motoneiges sont indispensables pour les collectivités lointaines du Labrador, où il y a très peu de routes.

Les Terre-Neuviens parlent l'anglais non seulement avec un accent particulier, mais aussi avec un vocabulaire qui leur est propre. Il peut être difficile de les comprendre, quand on vient de l'extérieur. Par exemple, une crêpe s'appelle *a gandy*, une armoire, *a hidey-hole* (une planque, une cachette) et un voisin, *a goat* (une chèvre). Le mot *b'y*, une déformation du mot *boy*, est un terme affectueux qui s'applique à toutes les personnes, hommes, femmes et enfants.

L'esprit cabotin et bon vivant des Terre-Neuviens se reflète même dans certains noms de lieux, comme Ha Ha Bay (*La baie des Ha! Ha!*), Joe Batt's Arm (*le Bras de Joe Batt*), Bacon Cove (*l'anse au Bacon*), Blow Me Down (*Fais-moi tomber*), Bald Head (*Tête chauve*), Maggoty Point (*la pointe aux Asticots*) et Heart's Content (*À satiété*).

Come by Chance (*Arrivé là par hasard*) est un de ces noms de lieux si pittoresques à Terre-Neuve et au Labrador.

Ces voisins jouent de la musique traditionnelle dans une fête de cuisine.

Les reels et les gigues

Chanter et jouer de la musique sont des passe-temps très populaires. La musique traditionnelle des anciens violoneux irlandais s'est transmise de génération en génération chez les Terre-Neuviens.

Les reels et les gigues sont des types de musique très rythmés, excellents pour danser. Elles sont souvent jouées dans les fêtes familiales et dans les pubs. Les chants de marins, légués par les matelots et les pêcheurs d'autrefois, se sont aussi transmis jusqu'à aujourd'hui, et les Terre-Neuviens aiment bien les chanter tous en chœur.

Les plaisirs d'hiver

La momerie, une vieille tradition anglaise, est encore bien vivante à Terre-Neuve. Chaque année, quelques jours avant Noël, les gens se déguisent et invitent leurs voisins. Ils leur racontent des histoires et des blagues, jouent de la musique et même de courtes pièces de théâtre. Les invités doivent deviner qui se cache derrière les différents déguisements.

(Gauche) Cet accordéoniste est difficile à reconnaître, avec sa robe et son voile sur la figure.

Le curling est très apprécié des Terre-Neuviens durant l'hiver, qui est long et très froid. Le jeune Brad Gushue a mené son équipe jusqu'à la médaille d'or, aux Jeux olympiques de 2006.

David Blackwood, un graveur bien connu originaire de Terre-Neuve, a composé des centaines de scènes représentant l'hiver terre-neuvien avec ses teintes gris acier.

En voiture! Les terre-neuve pouvaient tirer des charges plus lourdes qu'eux-mêmes, comme le montre cette photo prise au début du XXe siècle.

Nageoires, bajoues et langues

À Terre-Neuve et au Labrador, la mer n'est jamais loin. C'est pourquoi le poisson et les fruits de mer y sont des aliments de base. Les Terre-Neuviens sont friands de plats qu'on ne retrouve nulle part ailleurs au Canada. Le pâté aux nageoires de phoque est préparé avec des morceaux de viande de phoque cuits entre deux abaisses de pâte à tarte. La plupart des touristes veulent y goûter, même s'il est difficile d'en trouver. Les langues et les bajoues de morue sont aussi très appréciées. On nomme les langues *sea kisses* (baisers de mer), à cause de leur texture. Les *scrunchions*, qui sont des couennes de lard grillées (les oreilles-de-Christ des Québécois), sont un délicieux complément à tous les plats.

À la sortie d'un gros repas, tu auras peut-être la chance d'entendre un Terre-Neuvien dire : *I'm blowed up like a harbour tom-cod* (je me sens plein comme une grosse morue de fond). C'est une façon locale de dire : « Je suis rassasié ».

Cette dame se régale de pâté aux nageoires de phoque, une spécialité de Terre-Neuve.

29

Chapitre 4
La terre et la mer

Pendant des siècles, Terre-Neuve a été synonyme de poisson et, plus particulièrement, de morue. Quand Sir Humphrey Gilbert est venu à Terre-Neuve en 1583, il a amené avec lui un poète qui a écrit que les eaux de Terre-Neuve pourraient fournir du poisson jusqu'à la fin des temps. Il se trompait. Il est vrai que, pendant des siècles, la pêche y a été un mode de vie et une industrie très importante. Mais dans les années 1970, les stocks de morue ont commencé à diminuer.

La fin d'une industrie

En 1992, le gouvernement du Canada a interdit la pêche à la morue, qui tenait une place énorme dans l'ensemble de l'industrie des pêcheries. L'effet a été **dévastateur**. De nombreux pêcheurs et autres travailleurs du secteur des pêcheries ont perdu leur emploi. Ils ont quitté la province par milliers pour trouver du travail ailleurs.

La plupart des usines de transformation du poisson sont actuellement fermées ou n'ouvrent que pour de courtes périodes durant l'année. Les gens qui pêchent encore attrapent du flétan, du crabe, du homard et du saumon, et aussi de la morue mais en très petite quantité, car sa pêche est maintenant strictement réglementée.

Pêcheurs et ouvriers des pêcheries protestant contre la fermeture d'une usine de transformation du poisson.

La morue a longtemps été la grande
vedette des pêcheries. Aujourd'hui,
quelques pêcheurs arrivent à gagner
leur vie avec le crabe et le homard.

Le tourisme est une industrie importante à Terre-Neuve et
au Labrador. À la fin du printemps et au début de l'été, des
icebergs géants dérivent vers le sud, depuis le Groenland. Le
chemin qu'ils empruntent s'appelle la « route des icebergs ». À la même
époque de l'année, la migration des baleines, dont la baleine à bosse, le
petit rorqual et le globicéphale, attire les touristes.

Le minerai de fer est extrait, puis transformé, à Labrador City, au Labrador.

Les minerais et l'hydroélectricité

Le Labrador est l'un des plus importants producteurs de minerai de fer au monde. En fait, il en possède la plus grande concentration d'Amérique du Nord et en assure la plus grosse production. À Labrador City et à Wabush, de nouvelles villes se sont développées autour des mines.

En 1993, des prospecteurs ont trouvé un important gisement de nickel à Voisey's Bay, au Labrador. Des millions de tonnes de nickel sont enfouies dans le socle rocheux. Cette découverte a relancé la prospection minière au Labrador.

Le nickel est utilisé dans le laitonnage et la fabrication des pièces de monnaie et de l'acier.

33

Le Labrador est aussi un très gros fournisseur d'énergie hydroélectrique. Les eaux du fleuve Churchill sont détournées vers la centrale hydroélectrique de Churchill Falls, qui est la deuxième du monde en importance. La plus grande partie de l'énergie qui y est fabriquée est vendue à la province voisine, le Québec.

Barrage hydroélectrique surplombant le réservoir Smallwood à Churchill Falls, au Labrador. Le réservoir a reçu ce nom en l'honneur de l'ancien premier ministre de Terre-Neuve, Joey Smallwood.

La plateforme Hibernia, véritable île artificielle d'acier et de béton, domine l'océan à 224 mètres de hauteur.

Le pétrole sous-marin

Autrefois, les pêcheurs et les chasseurs de baleines ramenaient leurs prises depuis les Grands Bancs. De nos jours, ces eaux renferment un autre trésor : du pétrole et du gaz naturel. Le gisement de pétrole Hibernia, situé à environ 320 kilomètres de la ville de St. John's, se trouve à 80 mètres sous le niveau de la mer. En 1997, une énorme plateforme pétrolière y a été érigée et, maintenant, on y extrait des millions de barils de pétrole par année.

De petits fruits

Les petits fruits abondent sur les sols pauvres de Terre-Neuve. La cueillette des bleuets est la plus abondante, mais celles du pain de perdrix, une petite baie rouge au goût acidulé, et de la plaquebière, une espèce de framboise orangée, sont également importantes. De ces trois fruits, on fait d'excellentes conserves et confitures.

Environ 90 % du bois coupé dans la province est destiné à l'industrie des pâtes et papiers.

Chapitre 5
Les villages de pêcheurs

Dans les premiers temps, les colons installés à
Terre-Neuve vivaient dans de petites collectivités
situées au bord de la mer. La pêche faisait partie
de la vie de presque tout le monde. Les hommes
et les garçons de plus de 13 ans partaient pêcher
en mer. Les femmes et les enfants plus jeunes
restaient à terre et s'occupaient de la plus grosse
partie du travail d'apprêt du poisson, c'est-à-dire
le nettoyer et l'éviscérer, puis le saler afin de
l'empêcher de pourrir. Le poisson ainsi apprêté
était mis à sécher sur des vigneaux dressés sur
la rive.

Tous les soirs et chaque fois que le temps se faisait menaçant, les enfants transportaient les poissons à l'abri. Les femmes géraient les vigneaux. Elles organisaient la pêche et disaient aux hommes la quantité de poissons à rapporter chaque jour. Près de leurs maisons, un peu plus en retrait, elles cultivaient un potager.

« Les hommes la pêchent, mais ce sont les femmes qui la font » est un vieux dicton de Terre-Neuve signifiant que les femmes s'occupaient de faire sécher la morue sur les vigneaux.

Pour se faire de l'argent de poche, ce garçon coupe les langues dans les gueules des morues. La langue de morue est un mets de choix.